Volume 2

CLASSICAL BEGINNINGS

(Light Classical and Romantic Pieces)

FOR PIANOFORTE

CLASSIQUES pour débutants

(Morceaux classiques et romantiques faciles)

POUR LE PIANO

KLASSISCHE MUSIK für Anfänger

(leichte klassische und romantische Stücke)

FÜR KLAVIER

Choisis et publiés
avec notations
par

Selected and Edited
with Interpretative Notes
by

ausgewählt und mit
Erläuterungen versehen
von

DOROTHY BRADLEY

CONTENTS — INHALT — TABLE DES MATIÈRES

GRADE — Primary to easy Elementary — Schwierigkeitsgrad: Anfangs- und Elementarstufe — Degré Primaire à assez Elémentaire

(Grades 1 - 2) (Grad 1 - 2) (Degrés 1 - 2)

Bosworth

Rigodon

A son début, le rigodon n'était qu'une guillerette danse villageoise d'origine provençale. Par après, il fit son entrée dans les soirées dansantes mondaines où il se transforma assez rapidement en une petite danse de forme beaucoup plus élégante à deux temps. Comme tel, il fut très en vogue sous Louis XIII. Toujours en deux ou en quatre temps, les phrases débutent, de façon générale, à la fin de la mesure. Toutefois le présent rigodon, tiré des " Leçons pour le Clavecin " de Purcell, commence sur le premier temps de la mesure. Un jeu très rythmé s'impose ici, avec beaucoup de précision et de netteté dans le toucher. Choisissez, ad libitum, de nouveaux doigtés et, là où c'est nécessaire, tenez la pédale (comme indiqué) aux notes à soutenir plutôt que de maintenir le son au moyen des doigts tenus abaissés. L'exercice au bas de la page—et qu'il est recommandé de répéter de nombreuses fois—vise à rendre plus aisé et plus précis le passage du pouce de la main gauche aux mesures 7 et 8.

Rigadoon

RIGADOON or RIGAUDON. Originally a gay village dance of Provençal origin, later to become a ball-room and court dance from the time of Louis XIII, when it took on a more dignified style. Always in two-beat or four-beat time, the phrases usually begin on the last part of the bar. This *Rigadoon* from Purcell's *Harpsichord Lessons* begins on the first beat of the bar. It must be played very rhythmically, with precision and clearness of touch. Move freely to new fingering positions and, if necessary, let the pedal (as marked) hold the sustained notes instead of stretching with the fingers. The exercise given below – to be repeated many times – will help L.H. thumb to pass under neatly for bars 7 - 8.

Rigaudon

Ursprünglich ein fröhlicher Bauerntanz aus der Provence, der zur Zeit Ludwig XIII. zum höfischen Gesellschaftstanz wurde und ein würdevolleres Gepräge annahm. Er steht immer im Zweier—oder Vierertakt, wobei die Phrasen gewöhnlich auf dem letzten Taktzähler beginnen. Dieses Rigaudon aus Purcells " Stücke für Cembalo " beginnt auf dem ersten Taktschlag. Es muss sehr rhythmisch und mit grosser Genauigkeit und Klarheit des Anschlages gespielt werden. Verwende die neuen Fingersätze und lasse eventuell das Pedal (wie angegeben) die gebundenen Noten halten, anstatt sie mit gespreizten Fingern anzuschlagen. Die beigefügte Übung ist oft zu wiederholen, da sie für ein einwandfreies Daumenuntersetzen der L.H. sehr nützlich ist.

Exercise

Purcell, 1658-1695

Allegro ♩ = 80-84

4

Bourrée

Le Couppey est un compositeur français qui a écrit bon nombre d'études qui, telles les grandes oeuvres pianistiques de Chopin et de Liszt, présentent un indéniable intérêt. La Bourrée est une allègre danse d'Auvergne qu'accompagnait quelquefois la musette, une espèce de cornemuse. Dans le présent morceau, la basse (bourdon) avec sa tonique et sa dominante à la pédale, doit suggérer cet accompagnement de musette. Un jeu clair et bient net est ici de rigueur, et il importe de toujours bien se représenter la mesure comme ne comportant que deux temps. Veillez aussi à ce que, aux endroits des syncopes, la main gauche affirme bien résolument l'accent " franc " en évitant cependant toute brusquerie.

Bourree

A French composer, Le Couppey wrote many studies which (like the great works of Chopin and Liszt) are really interesting pieces. This is one of them. The *Bourree* is a lively dance of French origin, sometimes accompanied by the *musette* (a kind of bagpipes), and this is suggested here by the repeated " drone " bass formed on tonic and dominant ★pedal notes. Clear straightforward playing is needed, and the time must be felt as two beats to a bar. Where syncopations occur in treble, see that the L.H. puts the accent " straight ": but *no bumping* please.

Bourrée

Dies ist eines von den vielen sehr interessanten Übungsstücken, die der französische Komponist Le Couppey in der Art der grossen Werke von Chopin und Liszt schrieb. Die Bourrée ist ein lebhafter Tanz französischen Ursprunges, der mitunter von einer MUSETTE (einer Art Dudelsack) begleitet wurde. Diese Art wird hier durch den ausgehaltenen " Musette-Bass " nachgeahmt, der aus Tonica und Dominante als Pedalnoten★ gebildet wird. Achte auf klares und flüssiges Spiel und erfasse den Rhythmus als 2 Schläge auf den Takt. Wo in der R.H. Synkopen auftreten, soll die L.H. die angegebenen Akzente weiterhin genau beachten, jedoch auf keinen Fall übertreiben (" hämmern.")

Felix Le Couppey, 1811-1887

* Les notes de pédale dérivent du pédalier de l'orgue. Un organiste peut, en effet, tenir des notes graves à la pédale au moyen de ses pieds cependant que ses mains restent libres pour évoluer entretemps sur les claviers manuels.

★*Pedal note* (or *Pedal-point*) derives from the organ pedal keyboard. An organist, by keeping his foot on a pedal, can hold a note in the deep bass whilst his hands play notes above.

* Der Ausdruck Pedalnote (oder Orgelpunkt) ist dem Pedalspiel auf der Orgel entlehnt. Wenn ein Orgelspieler seinen Fuss auf dem Pedal ruhen lässt, kann er einen tiefen Basston lange aushalten, während sich seine Hände auf den Tasten des Manuals frei bewegen.

Menuet en forme de Rondo

Rameau, compositeur français du XVIIIe siècle, était, de son vivant, musicien attitré de la Cour de Louis XV. Il a composé une quantité considérable de charmantes pièces pour le clavecin, à côté de bon nombre d'opéras et de ballets. A remarquer que le Menuet de cette époque se distinguait par sa grâce et sa noblesse. Il est indispensable d'avoir un jeu bien limpide et homogène. Dans le haut, les notes doivent être bien chantantes cependant que la main gauche doit maintenir avec fermeté le rythme du menuet par des notes bien sonores et en marquant résolument les accents, sans brutalité cependant de manière que la sonorité reste moelleuse et distinguée. L'appellation "en forme de rondo" est employée par l'auteur parce que le thème, avec ses reprises, y est conçu dans le style d'une danse en rond. L'exercice ci-dessous constitue une préparation du doigté pour les mesures 3 et 4.

Minuet in Rondo Form

Rameau, an important French composer who became court musican to Louis XV, wrote many charming harpsichord pieces, as well as operas and ballets. The minuets of that period were delicately gracious and rather stately. This one needs smooth treatment and clear singing tone in treble, and left hand must keep the minuet rhythm steady with good tone and neatly pointed accents — though not too strong, it must sound interesting. The description "in Rondo Form" is used by the composer because the theme keeps returning in the style of a round dance. The exercise given below will help with the fingering of bars 3-4.

Menuett in Form eines Rondos

Rameau, ein bedeutender französischer Komponist und Musiker am Hofe Ludwig XV., schrieb zahlreiche köstliche Klavierstücke, Opern und Ballettmusiken. Die Menuette jener Zeit waren sehr anmutig, aber auch prunkvoll. Bei diesem Stück wird für die R.H. eine flüssige und deutlich gesangliche Ausführung gefordert, während die L.H. den Menuett-Rhythmus bei gutem Anschlag klar betonen soll, jedoch ohne dabei zu übertreiben.

Die Ueberschrift "in Form eines Rondos" wurde vom Komponisten angewendet, weil das Thema wie bei einem Rundtanz immer wiederkehrt.

Die angegebene Übung soll die Anwendung des Fingersatzes in den Takten 3 und 4 erleichtern.

Exercise on contractions:—
Exercices de contraction
Übung für das Zusammenziehen der Hand.

Repeat many times
A jouer plusieurs fois
Oft zu wiederholen

Tempo di Menuetto ♩ = 104-108

Jean Phillipe Rameau, 1683-1764

★MAIN THEME — THÈME PRINCIPAL — HAUPTTHEMA

REPETITION OF THEME — REPRISE DU THÈME — WIEDERHOLUNG

6

2nd IDEA IN KEY OF G — REPRISE EN SOL MAJEUR — WIEDERHOLUNG IN G DUR

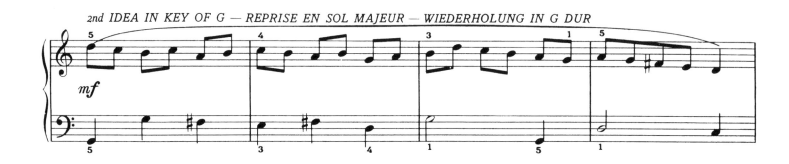

MAIN THEME RETURNS — REPRISE DU THÈME PRINCIPAL — WIEDERHOLUNG HAUPTTHEMA

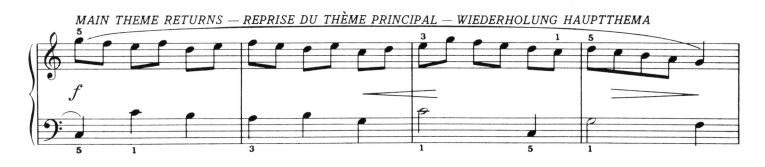

Mélodie

Appliquez-vous à obtenir une belle ligne chantante à la main droite tout en veillant à ce que noires et doubles croches conservent toujours leur valeur respective, en ce sens que les croches doivent évoluer avec beaucoup plus de légèreté que les noires qui les précèdent et les suivent. Pour réaliser un accompagnement bien coulant, conformez-vous aux " Remarques " de la "PETITE PIECE" (p.12). Dans les mesures 9 à 12, il y a un chant à la main gauche qu'il importe de bien faire ressortir. Remarquez que le chant passe aux notes supérieures dans les mesures 10 à 12.

Melody

Get a pure cantabile tone in right hand melody, but attend to relative tone values as between crotchets and semiquavers — which must be lighter than the crotchets they follow and precede. For smoothly supporting accompaniment see notes on *A Little Piece* (p. 12). From bars 9-12 L.H. plays a singing tune which you will find is carried on in *upper* notes of 10 to 12.

Melodie

Bemühe dich um eine schöne, gesangliche Linie in der R.H., aber achte auf den Wertunterschied zwischen Viertel—und Sechzehntelnoten ; die Sechzehntel müssen leichter gespielt werden als die Viertel, denen sie vorausgehen oder folgen. Zu der fliessend unterstützenden Begleitung beachte die Bemerkung zu " Kleines Stück " (S.12) In den Takten 9—12 spielt die L.H. eine gesangvolle Melodie, deren Weiterführung man in den oberen Noten der Takte 10—12 erkennen wird.

Charles Mayer, 1799-1862

8

Allegro en Si bémol

Ce morceau est d'allure très joyeuse et de rythme bien marqué. Les grandes liaisons indiquent le phrasé. Elles vous aident à édifier une bonne *construction musicale*. Il convient néanmoins de prêter une attention spéciale à tous les détails de *STACCATO* de même qu'aux petites liaisons qui figurent dans chaque phrase. Soulignez légèrement la première des deux croches liées et laissez la deuxième tant soit peu s'effacer. Faites ressortir, en même temps, la progression du rythme après chaque barre de mesure voisine. Il ne faut pas davantage perdre de vue que chaque phrase commence à la dernière croche de la mesure et finit au premier temps de la deuxième mesure suivante. Les mesures doivent être comptées à partir de la première mesure *complète* et chaque seconde mesure de la phrase est plus appuyée que la première, comme l'indiquent les flèchettes dans les deux premières phrases. La liaison depuis la dernière croche des mesures 2, 4 et autres similaires vers la note accentuée ne peut pas troubler l'accent normal. Il ne s'agit, en effet, que d'un simple legato.

Allegro in B flat

This piece is cheerful in mood and very rhythmical. The long slurs are for phrasing — to help you to *shape* the music, and all details of *staccato* and small slurs within each phrase mark must have attention. Press slightly the first of each two slurred quavers and play the second one lightly; at the same time feel the forward progression of rhythm *past the next bar-line*. The main thing to remember is that each phrase begins on the last quaver of a bar and ends on the first beat of next bar but one. Bars are counted from first *complete* bar, and here *each second bar* is stronger than the first in the phrase, as shown by arrows in first two phrases. The slur from last quaver of bar two, four, and similar places, to the next accented note *does not disturb the normal accent,* it is merely a *legato* slur.

Allegro in B

Dieses Stück ist voll fröhlicher Laune und sehr rhythmisch. Die grossen Bögen sind Phrasierungsbögen, die helfen sollen, die Musik zu gestalten ; innerhalb jeder Phrase müssen alle Staccatozeichen und kleinen Bindebögen genau beachtet werden. Von je zwei aneinandergebundenen Achtelnoten soll die erste ein wenig betont, die zweite nur leicht angeschlagen werden. Gleichzeitig muss man das rhythmische Weiterschreiten nach dem nächsten Taktstrich erfassen. Vor allem beachte man, dass jede Phrase auf dem letzten Achtel des Taktes beginnt und auf dem ersten Zähler des übernächsten Taktes endet. Die Takte werden immer vom ersten vollständigen Takt an gezählt, und in unserem Falle ist jeder zweite Takt stärker als der erste, wie es die Pfeile in den ersten beiden Phrasen deutlich machen. Der Bogen vom letzten Achtel der Takte 2, 4 und aller ähnlichen Stellen ist nur ein *Binde*bogen zur nächsten betonten Note und darf die Gesamtbetonung nicht stören.

Mozart, K.3. 1756-1791

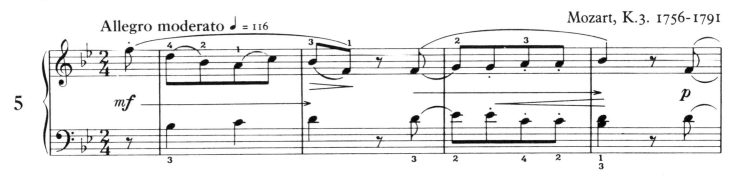

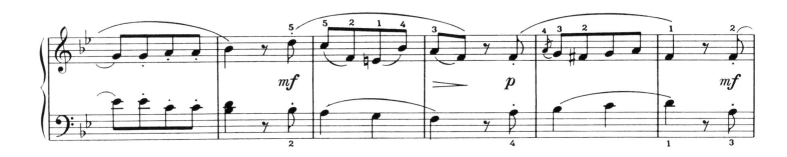

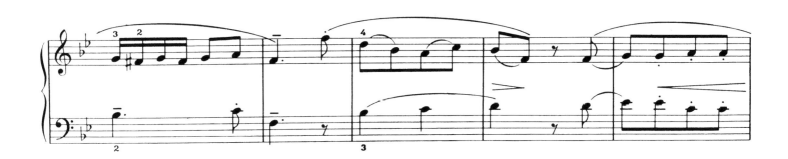

Valse

Carl Maria von Weber, illustre composi-teur allemand et excellent pianiste, a laissé, à côté de quelques grands opéras roman-tiques et d'imposantes pages de musique instrumentale, une brillante série de mor-ceaux pour piano dont l'Invitation à la Valse est universellement connue.   Fondateur de ce que l'on est convenu d'appeler l'Ecole Romantique de l'Opéra, il a puissamment contribué à la fondation de l'Opéra National Allemand.   Cette petite valse demande à être exécutée avec beaucoup de grâce et avec de délicates inflexions du son. Il faut ten-dre à obtenir des groupes de deux notes bien liées (voir notes no 3) qui, jouées dans leur rythme coulant, doivent produire l'effet d'une charmante ariette.

Waltz

Carl Maria von Weber, great German composer and fine pianist, wrote romantic operas and instrumental music, also much charming pianoforte music — particularly well-known being *Invitation to the Waltz.* He was the founder of what is know as the Romantic School in opera, and helped to institute the German National opera. This little *Waltz* must be played gracefully with delicate tone inflections, also with attention to the slurred couplets (see notes on No. 3) which, with flowing rhythm, will produce a delightful lilting effect.

Walzer

Karl Maria von Weber, der grosse deut-sche Komponist und ausgezeichnete Pianist, schrieb romantische Opern und Instrumentalmusik, aber auch reizvolle Stücke für Klavier, von denen besonders die " Aufforderung zum Tanz " berühmt geworden ist.   Auf dem Gebiet der Oper ist er der Begründer der romantischen Schule.   Er verhalf Deutschland zu einer eigenen (nationalen) Oper.

Dieser kleine Walzer muss graziös und mit feinen klanglichen Abstufungen ge-spielt werden.   Achte auf die strenge Bin-dung der Achtelpaare (s.Anm. zu 3); mit ihrem flüssigen Rhythmus müssen sie den Eindruck einer zärtlich vorgetragenen kleinen Arie machen.

Weber, 1786-1826

(a) Les petites notes doivent être jouées très lestement et *dans* la mesure. Bien qu'elles n'occupent qu'un temps fort limité, elles n'en confèrent pas moins une certaine vigueur à la note principale.

(a) The small note must be played very swiftly *on* the beat; taking no appreciable time it throws a stress on the main note.

(a) Die kleinen Noten müssen sehr kurz *auf* dem Zähler gespielt werden. Dadurch, dass sie selbst nur eine kaum zählbare Zeit beanspruchen, geben sie der Hauptnote einen besonderen Nachdruck.

Air joyeux

La mélodie doit se développer en une sonorité bien chantante tel un beau violon solo avec des inflexions montantes et descendantes—sans exagération dans l'expression—de façon à mettre en valeur les subtiles ondulations de la ligne mélodique. Accompagnement plutôt tranquille en veillant toutefois à ce que la sonorité soit suffisamment fournie pour constituer un solide support harmonique et à ce que la première note de chaque mesure soit légèrement appuyée. Etendez bien la main au dessus des touches pour être à même de jouer les notes sans contorsions ou mouvements saccadés.

A Merry Tune

The melody should have pure singing tone like a good violin solo, with rising and falling inflections (not overdone "expression") to help the sense of curving lines of tune. Keep the accompaniment rather quiet, but let tone be warm enough to give harmonic support and with first note of each bar gently stressed. Keep L.H. well over the keys, so that the notes can be played without jerky movements.

Fröhliche Weise

Die Melodie muss rein gesanglich vorgetragen werden wie ein schönes Violinsolo, mit steigenden und fallenden Kurven (kein übertriebener "Ausdruck"!), so dass die sanften Wellen der Tonreihen deutlich werden. Halte die Begleitung recht ruhig, aber lass den Klang von genügender Wärme sein, um eine harmonische Stütze zu geben; die erste Note jedes Taktes sei etwas betont. Halte die L.H. gut über die Tasten, so dass die Töne ganz gleichmässig gespielt werden können.

Czerny, 1791-1857

(a) see footnote on page 10.

Petite Pièce
Op. 68 no. 5

Clara Schumann mentionne " Pas Vite " dans son édition tout en donnant, comme indication métronomique : ♩ = 144. Que les jeunes exécutants prennent, de préférence, un mouvement quelque peu entre les deux indications données ci-dessus, voire un peu plus vite, pour autant évidemment que ce soit possible de le faire bien proprement. Si vous examinez bien ce morceau, il vous apparaîtra que la phrase commence chaque fois au troisième temps pour finir au deuxième temps de la deuxième mesure suivante. Il est important que vous sentiez le phrasé tout le long de son développement. Tout ce morceau est comme une mélodie très chantante avec, à la main gauche, un charmant acccompagnement qui constitue, lui-même, une agréable mélodie avec un SOL périodique à chaque demi-temps faisant pédale, formule appelée à créer une atmosphère de calme et de quiétude.

A Little Piece
Op. 68 no. 5

Madam Clara Schumann writes *Nicht Schnell* in her edition, but gives ♩ = 144 as the pace ! It would suit young players better at anything between the figures given below, or faster if it can be played *well* more quickly. If you examine this piece, you will see that in each case the phrase begins at the third beat and ends at the the second beat of the next bar but one. It is most important to feel the phrasing in this way throughout. The whole piece is a song-like melody with gentle left hand accompaniment — itself a melody with a recurring G on the half-beats, making a " pedal-point " with quietly insistent supporting effect.

Kleines Stück
Op. 68 no. 5

Clara Schumann schreibt in ihrer Ausgabe " Nicht schnell," gibt aber ♩ = 144 als Zeitmass an. Für junge Spieler wäre es besser, wenn sie ein Zeitmass nähmen, das zwischen den beiden Angaben steht, oder schneller, wenn es wirklich *gut* rasch gespielt werden kann. Bei genauer Betrachtung des Stückes wirst Du sehen, dass die Phrase in jedem Fall auf dem dritten Zähler anfängt und mit dem zweiten Zähler des übernächsten Taktes aufhört. Es ist sehr wichtig, die Phrasierung in dieser Weise durchzuhalten. Das ganze Stück ist eine liedähnliche Melodie mit einer zarten Begleitung in der L.H. Die Begleitung selbst ist auch eine Melodie, und das sich immer wiederholende g auf den geradzahligen Achteln ergibt einen stützenden " Pedalton " von ruhiger, aber eindringlicher Wirkung.

Schumann, 1810-1856

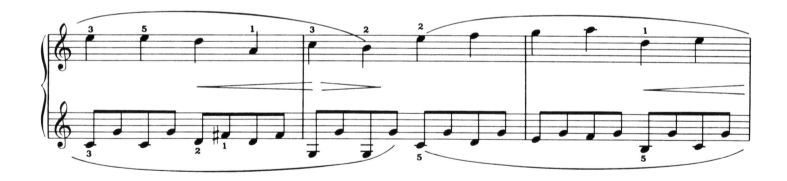

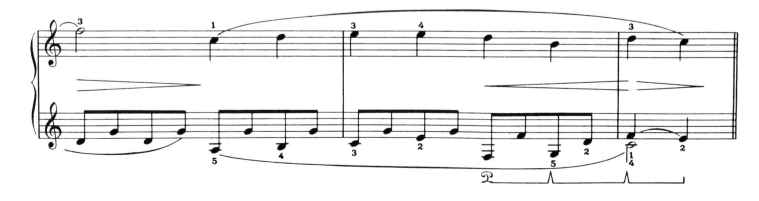

Sonnerie de Cloches

Ce morceau exige un mouvement très soutenu et un rythme très marqué. (Tenez le bout des doigts soigneusement tendu de manière à obtenir un toucher bien précis avec des notes brillantes même dans les passages calmes.) Veillez aux différentes inflexions du son. Que votre main gauche s'applique le mieux possible aux détails mélodiques des figures à répétition pour les bien faire chanter au travers de la sonnerie des cloches des notes supérieures. Ayez soin de faire une entrée calme, et ce exactement au demi-temps, dans les mesures 5, 9 et autres similaires et tâchez que la noire pointée et sa croche subséquente dans les mesures 6, 15 etc. s'agencent en taa-ta-te avec précision dans la figure de la basse. Il importe que, dans les dernières mesures, la sonorité soit rigoureusement contrôlée à l'effet d'obtenir une impression de carillon dans le lointain, cependant que, planant impassible au dessus des notes basses, la blanche sonne l'heure.

Bells are Ringing

This piece should flow steadily with a firm insistent rhythm. Keep the finger tips firm in order to get clean touch with bright tone even in quiet passages. Attend to tone inflections; make the left hand as interesting as possible with the small melodic detail of repeated figures sounding well through the ringing bell-notes above. Take care to enter quietly and exactly at the half-beat in bars 5, 9, and similar places, also see that the dotted crotchet and quaver in bars 6, 15, etc. form a smooth *taa-ta-te* pattern with the bass. Last few bars need careful tone control to give effect of chimes heard in the distance — the minim C striking the hour against sustained lower notes.

Glockengeläut

Dieses Stück muss in ständigem Fluss mit festem und eindringlichem Rhythmus gespielt werden. Halte die Fingerspitzen ganz vorschriftsmässig, um auch an den ruhigen Stellen einen sauberen und voll-klingenden Anschlag zu erzielen. Achte auf die Melodiebögen. Lasse die L.H. so deutlich wie möglich mit dem kleinen Melo-diestück der sich wiederholenden Figur zu den Tönen des Glockengeläuts in der R.H. erscheinen. Bemühe dich, das dritte Viertel in den Takten 5, 9 und entsprech-enden weiteren Takten in beiden Händen ruhig, aber ganz exakt und gleichzeitig anzuschlagen. Achte darauf, dass in den Takten 6, 15 usw. das punktierte Viertel mit dem folgenden Achtel der R.H. und den entsprechenden Vierteln der L.H. zu-sammen ein ruhiges, aber korrektes Tonbild ergeben. Die letzten paar Takte erfordern sorgfältige Kontrolle der Tongebung, um den Eindruck eines fernen Glockengeläuts zu erwecken. Dabei gibt gegenüber den tieferen Tönen der Ton c als kleinste Glocke den Stundenschlag an.

Le Couppey, 1811-1887

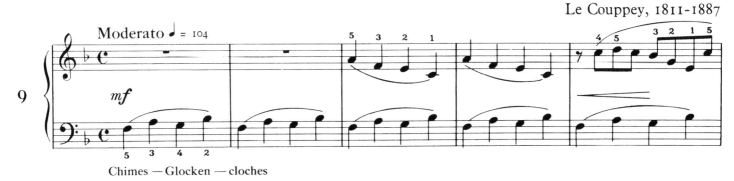

Chimes — Glocken — cloches

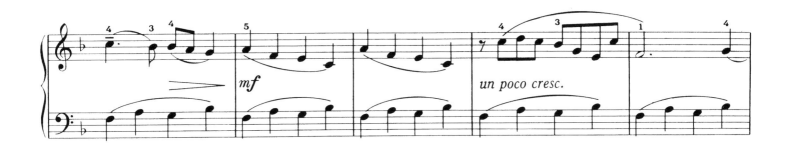

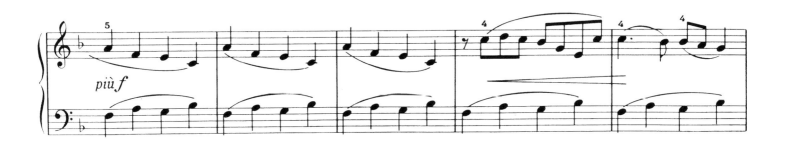

B. & Co. 20659

Sonatine (2e mouvement)
Op. 88

En un mouvement serein et ondoyant se déroule la mélodie au dessus d'un paisible paysage de triolets. Il s'agit, avant tout, de prêter une attention soutenue à la progression ainsi qu'aux délicates inflexions de la ligne mélodique. Tâchez que là où la main droite tient la note, comme dans les mesures 1, 2, 3 et autres analogues, la main gauche continue à aller résolument de l'avant dans un rythme imperturbable.

Sonatina (2nd movement)
Op. 88

Calm flowing movement in melody over the evenly supporting triplets in left hand, good forward progression and attention to tone inflections are main points here. Where R.H. has a tied note, as in bars 1, 2, 3, and others similar, see that L.H. keeps the pulse going steadily.

Sonatine (2. Satz)
Op. 88

Ruhig fliessende Melodie über gleichmässig stützenden Triolen der L.H.; gutes Vorwärtsschreiten und genaue Beachtung der Tongebung sind dabei wichtig. Sorge dafür, dass die L.H. stetig das feste Zeitmass beibehält, besonders in den Takten 1, 2, 3 und an anderen ähnlichen Stellen, wo in der R.H. angebundene Noten auftreten.

Andantino ♩ = 76

Kuhlau, 1786-1832

Thème de concerto en Mi bémol

Voici le premier thème du dernier mouvement tiré d'un des concertos favoris de Mozart. Les liaisons se trouvant au-dessus des notes supérieures en *staccato*, ne signifient nullement que ce staccato doit être moins prononcé ; ce ne sont, en effet, que de simples indications de phrasé. Le staccato doit être mordant mais néanmoins léger. Cela suppose un poignet bien souple et des doigts nerveux. Les notes liées de la main gauche doivent être jouées *legato* ; elles doivent chanter comme si elles étaient jouées sur un instrument à cordes avec des sons bien chauds comme ceux d'un violoncelle. Etudiez le doigté ainsi que les différentes figures mélodiques pour être en mesure de passer sans difficulté d'une figure à une autre sans heurts. Le caractère du morceau doit être épanoui et enjoué.

Theme from Concerto in E flat

This is the first theme from the last movement of one of Mozart's favourite concertos. The slurs over treble *staccato* notes do not mean *mezzo-staccato*, they are phrase marks. The staccato must be crisp and light, played with supple wrist and active fingers. Left hand slurred notes are *legato* and must sing their strands of melody as though played by a stringed instrument, with rich tone like a 'cello. Study the right hand fingering and 'hand groups' so that you can move freely from one group to another quite easily — no stretching required. The mood must be light-hearted and playful.

Thema aus dem Konzert in Es

Dies ist das erste Thema aus dem letzten Satz eines der beliebtesten Konzerte Mozarts. Die Bögen über den Staccatonoten der R.H. bedeuten nicht Portato, sondern sind nur Phrasierungsbögen. Das Staccato soll frisch und leicht sein und muss mit lockerem Handgelenk und beweglichen Fingern gespielt werden. Die in der L.H. miteinander verbundenen Noten sind *legato* und haben ihren Part zu singen, als ob sie von einem Streichinstrument gespielt würden, etwa mit dem vollen Ton eines Cellos. Übe den Fingersatz der R.H. und die einzelnen "Handlagen" so lange, bis du ohne Anstrengung und gleichmässig von einer Figur zur anderen überwechseln kannst.

Der Charakter des Stückes muss fröhlich und spielerisch sein.

Allegro ma non troppo ♩ = 144-152

Mozart, K.449

11

Ave Maria

La sonorité de cet Ave Maria, dont l'atmosphère doit être pieuse et sereine d'un bout à l'autre, doit être chaude et distinguée. Elle ne peut surtout pas être grêle et creuse. Jouez les notes répétées avec onction comme pour obtenir un certain effet vocal, avec des contours mélodiques bien nets et un sens délicat de la progression à chaque fin de phrase. Dans les mesures 9 à 16, la main gauche doit chanter un fervent solo sous l'ogive claire des notes supérieures. Surveillez attentivement la durée et les inflexions du son. Les notes de l'avant-dernière mesure doivent être jouées *mezzo-staccato*.

Ave Maria

The tone of this, though quiet throughout, must have a certain warmth of quality —it must not sound thin. Play the repeated chords closely and aim for a vocal effect with pure melodic outline and good sense of progression to each phrase end. From bars 9 to 16 let left hand sing sweetly as a solo against the upper parts. Pay great attention to time and tone inflections. Chords in the last bar but one are *mezzo-staccato*.

Ave Maria

Dieses Stück ist sehr ruhig zu spielen, muss aber trotzdem von einer gewissen Wärme erfüllt sein ; es darf auf keinen Fall dünn klingen. Schlage die sich wiederholenden Akkorde genau und eng zusammen an. Strebe eine gesangliche Wirkung an mit klarer Melodieführung und guter Beachtung der restlosen Durchführung jeder einzelnen Phrase. In den Takten 9 bis 16 singe die L.H. ein sanftes Solo gegenüber den oberen Stimmen. Beachte Zeitmass und Tongebung sehr genau. Die Akkorde im vorletzten Takt sind portato zu spielen.

Burgmüller, 1806-1874

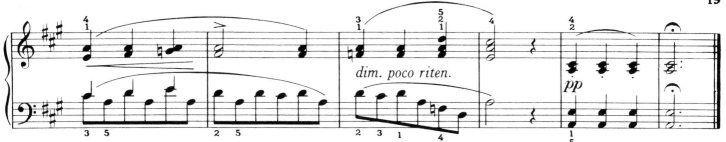

Prélude en Mi mineur

Ecrit dans un rythme de Tarantelle, ce prélude exige un mouvement très vif ne comportant que deux uniques accents par mesure. Soignez le travail des doigts : il importe que le bout des doigts attaque promptement la touche, particulièrement lorsqu'il s'agit de croches. Pour jouer les accords, placez les doigts soigneusement au-dessus des touches et que toutes les notes de chaque accord soient attaquées simultanément.

Prelude in E minor

In the rhythm of a tarantelle, this needs very brisk movement with two pulses only to the bar. Clean fingerwork, firm finger tips to carry immediately into the keys, necessary for the quavers. For the chords, shape fingers over their keys and see that all required notes sound *exactly* together.

Präludium in E moll

Dieses Stück, im Rhythmus einer Tarantella stehend, verlangt ein lebhaftes Tempo mit nur 2 Schlägen auf den Takt. Die Achtelfiguren erfordern sauberen Fingersatz und festen Aufsatz der Fingerspitzen unmittelbar auf die Tasten. Bei den Akkorden halte die Finger über die Tasten und achte darauf, dass alle vorgeschriebenen Töne genau gleichzeitig angeschlagen werden.

Stephen Heller, 1815-1888

* Les petites mains peuvent omettre le FA dièze inférieur dans ces deux accords.

*Small hands may omit the low F-sharp from these two chords.

*Kleine Hände können den unteren Ton in diesen beiden Akkorden weglassen.

Sonatine en Do
(1er mouvement)
Op. 118, No. 5

Cette pièce doit se mouvoir avec grâce et aisance avec des notes claires et chantantes dans les phrases en legato. Ne perdez pas de vue la valeur des pauses ni le sens de la progression dans chaque huitième mesure. Les passages du chant à la main gauche doivent être soigneusement exécutés de façon à donner aux deux parties le caractère individuel qui convient à chacune d'elles comme si elles étaient vraiment jouées par deux instruments distincts ou chantées par deux voix différentes. Une bonne méthode consiste à jouer d'abord ces notes avec les deux mains pour pouvoir donner ainsi à chacune sa durée et sa valeur propre, tout en écoutant soigneusement l'effet obtenu.

Sonatina in C
(1st movement)
Op. 118, No. 5

This must flow easily and gracefully, with clear singing tone in the legato phrases, exact attention to rest values and a sense of progression to each eighth bar. The strands of part playing in left hand need care, in order to give both parts true character in their own right, as though played by separate instruments or sung by two voices. A good plan is to play those notes with two hands at first, giving each note its proper time and tone amount and listen carefully to the effect.

Sonatine in C
(1. Satz)
Op. 118 Nr. 5

Dieses Stück muss leicht und zierlich fliessen, mit reinem, gesangvollem Ton in den gebundenen Phrasen. Achte besonders auf den genauen Wert der Pausen und suche die Entwicklung innerhalb jeweils 8 Takten zu erfassen. Für die Gestaltung des Spieles der L.H. muss sorgfältig darauf geachtet werden, dass von den beiden Stimmen jede ihren eigenen, selbständigen Charakter bekommt, als würden sie von 2 verschiedenen Instrumenten oder Singstimmen vorgetragen. Um dies zu erreichen, mag man zunächst diese Stimme mit 2 Händen spielen und dabei jeder Note den richtigen Zeitwert und die rechte Betonung geben; dann wird man die gewünschte Wirkung gut hören können.

Gurlitt, 1820-1901

Thème de Sonatine
(2e mouvement)

Kuhlau emprunta un thème à Rossini comme sujet d'une série de variations dans la présente sonatine. Ce thème figure ici inchangé tel que Kuhlau l'a, lui-même, adapté. Les variations sont encore trop difficiles pour nous en ce moment. Remarquez que chaque phrase commence au quatrième temps, entrée qui doit toujours se faire calmement et qui doit conduire ensuite vers le premier accent (derrière la première barre de mesure) avec une croche pointée sonore plus importante que la double croche qui la précède et celle qui la suit immédiatement. Ne manquez pas de faire partout ressortir la progression de court à long et de doux à fort. Que les mains se meuvent librement tout en maintenant les doigts bien fermes et vifs pour obtenir des notes d'une parfaite netteté. Ce morceau, vous le constaterez, est très facile à jouer et qu'il est d'un effet fort plaisant.

Theme of Sonatina
(2nd movement)

Kuhlau took a theme of Rossini as the subject of a set of variations in this sonatina, and here it is (unchanged) as he adapted it. The variations are too difficult for us at present. It will be seen that each phrase begins on a quarter beat, which must enter quietly and lead into the first accent (past the bar-line) with the dotted quaver sounding more important than the semiquaver on either side. Make sure that there is always a feeling of forward progression—from *short* to *long* and from *weak* to *strong*. Use free hand movements with firm, *alive* fingers to obtain clean crisp tone. It will be found quite comfortable to play.

Thema aus einer Sonatine
(2. Satz)

Kuhlau wählte ein Thema von Rossini, das ihm in dieser Sonatine als Vorlage für eine Variationsreihe gedient hat. Hier folgt nun das unveränderte Thema, so wie es Kuhlau übernommen hat. Die Variationen selbst sind für uns im Augenblick noch zu schwierig.

Man erkennt, dass jede Phrase auf einem Viertelschlag beginnt, der ruhig eintreten und zum ersten betonten Taktschlag (nach dem Taktstrich) führen soll. Dabei muss das punktierte Achtel stärker betont werden als die beiden Sechzehntel davor und danach. Bleibe dir eines ständigen Fortschreitens von *kurz* zu *lang* und von *zart* zu *kräftig* bewusst. Bewege die Hände locker, aber mit festen, sicheren Fingern, um einen sauberen und bestimmten Anschlag zu erhalten. Das Stück wird dann ganz bequem zu spielen sein.

Allegro vivace ♩ = 120-126

Kuhlau, 1786-1832

15

Menuet en La mineur

Jouez ce morceau dans un style délicat et précis. Observez minutieusement toutes les indications de staccato et de phrasé (liaisons). Tendez à avoir de beaux accents marqués et de douces inflexions de la sonorité.

Minuet in A minor

To be delicate and precise in style. Pay strict attention to all staccato marks and phrasing — shown by slurs, neatly pointed accents and gentle tone inflections.

Menuett in A moll

Spiele dieses Stück feinsinnig und stilgerecht. Achte genau auf alle Staccato— und Phrasierungszeichen, wie sie durch Bögen, geschickt angebrachte Akzente und dezente Tonbezeichnungen angegeben sind.

Allegretto ♩ = 112-116

Purcell, 1658-1695

16

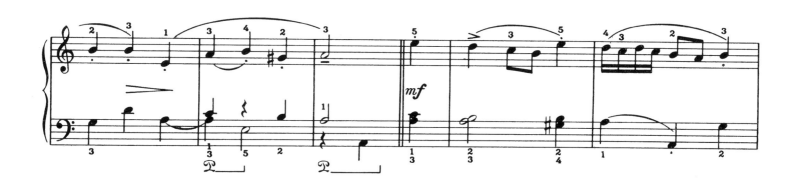

Danse

Conçue dans le style d'une danse villageoise chantée avec un accompagnement de battements des mains et des pieds pour marquer l'accent d'une manière énérgique, ce morceau a besoin d'être interprêté dans un rythme très vigoureux avec des *staccati* très mordants. Observez scrupuleusement les petites liaisons de la main droite. Pour les noires soutenues de la quatrième partie, soulignez l'accentuation de la note du pouce en imprimant à la main une légère rotation en cette direction : laissez ensuite doucement reposer le pouce sur la note pendant que les autres doigts égrènent leurs notes brillantes en doubles croches supérieures. Tâchez que tout au long du morceau se dégage une atmosphère de franche gaîté.

A Dance

In the style of a country dance and song, in which there is clapping of hands and stamping of feet to mark special emphasis, this must be played with very sturdy rhythm, crisp *staccato* and attention to those small slurs in R.H. part. For the sustained crotchets in the ★fourth section, help the accented thumb note with a small rotary movement in that direction, then *rest lightly on thumb* whilst fingers brightly play their semiquavers above. Aim for effect of gaiety throughout.

Tanz

Dieses Stück im Stile eines ländlichen Tanzes, der durch Händeklatschen und Füssestampfen nachdrücklich unterstützt wird, muss in derbem Rhythmus gespielt werden, wobei trotz *scharfem Staccato* **die kleinen Bindebögen in der R.H. gut zu beachten sind. Im vierten Abschnitt beach**te bei den ausgehaltenen Viertelnoten in der R.H., dass der Daumen nach dem Anschlag eine kleine seitliche Drehung macht und dann leicht ruhen bleibt, so **dass** die anderen Finger nun ihre Sechzehntelnoten deutlich spielen können. Versuche eine durchaus fröhliche Stimmung wiederzugeben.

Lemoine, 1751-1796
Op. 37

Allegretto en Sol mineur

Bien qu'elle soit écrite dans le mode mineur, cette page est toute joie et allégresse. Son rythme enjoué et sa mélodie chantante font penser à une danse villageoise chantée, nous venant d'au delà les lointaines collines. Pour obtenir cet effet particulier, marquez soigneusement les accents métriques, sans brusquerie toutefois. Jouez les croches avec clarté et légèreté et mettez délicatement en valeur les blanches accentuées. Aux endroits ou la main droite fait des croisements, (mesures 25 à 32 etc.) maintenez fermement la main gauche audessus des touches tout en laissant la main droite évoluer librement vers sa nouvelle position. Pour autant que le doigté soit un peu étudié, toutes les notes doivent vous tomber tout naturellement sous les doigts.

Allegretto in G minor

Although it is in the minor mode, this is a happy piece; its lively rhythm and lilting melody suggest a country song and dance – over the hills and away. To gain this effect, neatly point the metrical accents without stamping, let the quavers be clearly and fluently played, and gently stress the marked minims. Where right hand crosses over (bars 25 – 32 etc.) keep L.H. steady over its keys and let R.H. float to its new position. All notes lie well in the hands if the fingering is carefully studied.

Allegretto in G moll

Obwohl in Moll geschrieben, ist dieses Stück durchaus heiter und erinnert uns durch seinen lebhaften Rhythmus und seine sangliche Melodie an ländlichen Gesang und Tanz. Um diese Wirkung in der Wiedergabe zu erzielen, beachte man die metrischen Akzente gut, ohne durch ein " Stampfen " zu übertreiben; spiele die Achtelbewegungen klar und flüssig und betone etwas die gekennzeichneten Halben. Beim Uebersetzen der R.H. (Takte 25—32 usw.) bleibt die L.H. unverändert über den Tasten liegen, bis die R.H. ihre neue Lage gefunden hat.

Bei sorgfältiger Anwendung des Fingersatzes sind alle Töne leicht zu greifen.

Allegretto ♩. = 60

Stamaty, 1811-1870

18

Chant des Chasseurs
Extrait de l'opéra " Der Freischütz "

Le sujet de l'opéra " Der Freischütz," qui est l'opéra le plus célèbre de Weber a été emprunté à une légende nationale. C'est le nom d'un jongleur qui joue avec des balles magiques. La musique que l'auteur tisse autour de ces aventures contient bon nombre de charmantes mélodies. Le présent Choeur des Chasseurs doit être exécuté en un mouvement trés rythmé et brillant, sans rudesse cependant. Efforcez-vous de suggérer une scène pastorale avec un jovial chant de chasseurs aux grands mouvements ondulants.

Hunters' Chorus
From " Der Freischütz "

The story of *Der Freischütz* which is Weber's most famous opera, is based on a national legend. The name means a marksman who uses magic bullets, and the music woven round his adventures includes many beautiful melodies. This chorus must be very rhythmical and bright in movement, but it must not sound rough. Aim to suggest a pastoral scene with the hunters' song rising and falling on the air.

Jägerchor
aus " Der Freischütz "

Der Inhalt des "Freischütz," der berühmtesten von Webers Opern, gründet sich auf eine Volkssage. Der Name bedeutet einen Meisterschützen, der mit verzauberten Kugeln schiesst. Die Musik, die seine Abenteuer umspinnt, enthält viele schöne Melodien.

Dieser Chor muss sehr rhythmisch und fröhlich gespielt werden, darf aber nicht derb klingen. Es muss klingen, als ob Jäger ein frohes Lied singen, dessen Echo der Wald zurückwirft.

Allegretto moderato ♩ = 96

Weber, 1786-1826

19

B. & Co. 20659

HOURS WITH THE MASTERS
By DOROTHY BRADLEY
CONTENTS

BOSWORTH & CO. LTD.

TUNEFUL GRADED STUDIES

VARIOUS COMPOSERS

Selected by DOROTHY BRADLEY

CONTENTS